DOUBLE
*E 5617

AF226917

*E

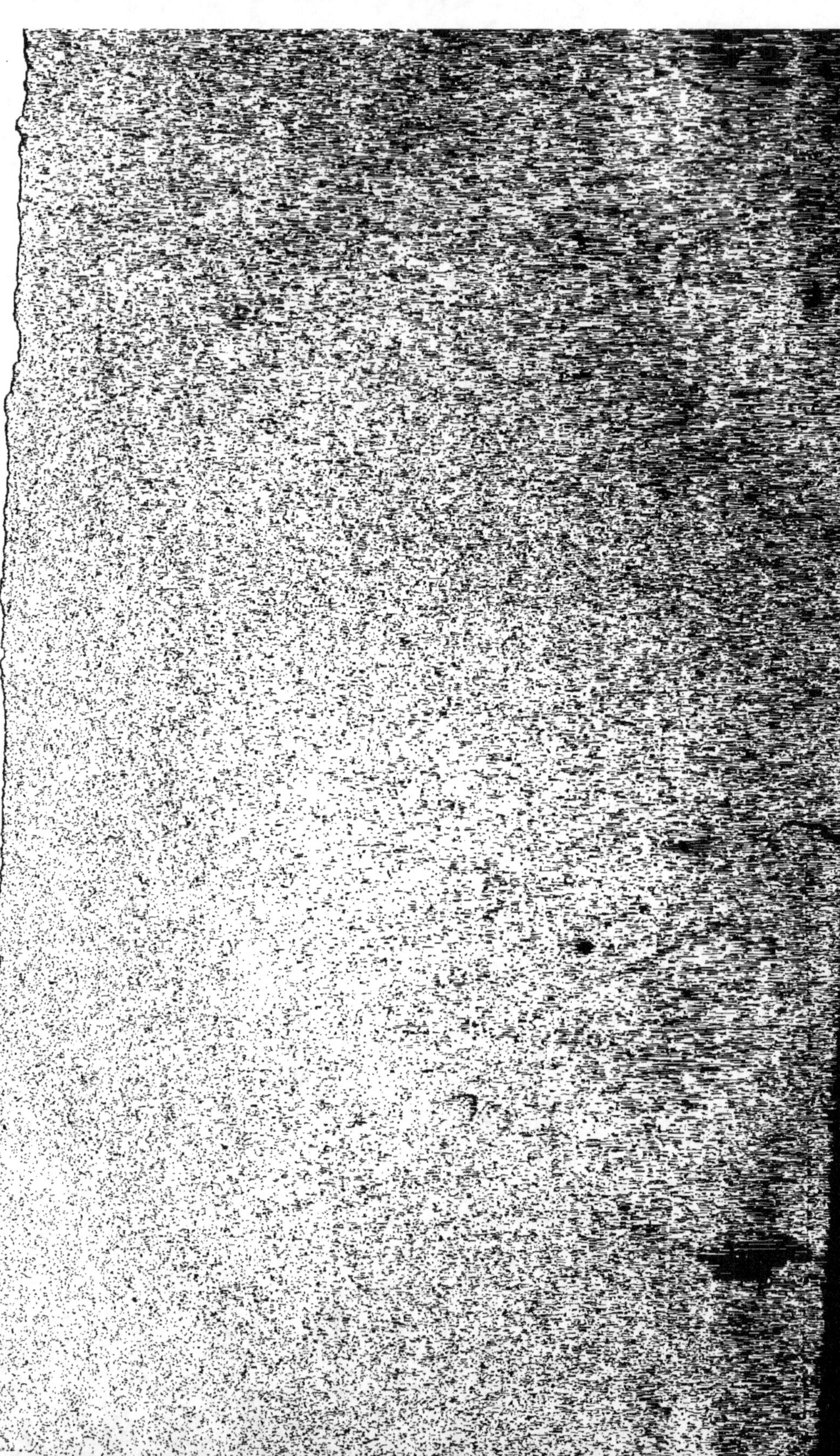

DES GOUVERNEMENS REPRÉSENTATIF ET MIXTE.

Par M. CHAS.

DE L'IMPRIMERIE DE P. N. ROUGERON.

A PARIS,

Chez Ch. VILLET, Libraire, rue de Grenelle Saint-Germain, N.º 58, en face la Fontaine.

1817.

DES
GOUVERNEMENS
REPRÉSENTATIF ET MIXTE.

Il paroît beaucoup d'ouvrages sur les gouvernemens représentatif et mixte ; mais aucun publiciste n'en a donné une définition précise et exacte ; cet oubli, ou plutôt cette ignorance a égaré nos écrivains politiques, et les a conduits à de grandes erreurs. Ils confondent le gouvernement représentatif avec le gouvernement mixte, la constitution d'un Etat avec son gouvernement, la constitution et le gouvernement français avec la constitution et le gouvernement anglais. Dans l'examen et la discussion des questions les plus simples et les plus importantes du contrat social, on se perd dans des théories vagues, illusoires, des systèmes spéculatifs, dangereux dans leurs principes et impossibles dans leur exécution. On s'enfonce dans les profondeurs et les subtilités d'une métaphysique fausse et obscure.

Nous allons donner la définition du gouvernement représentatif et du gouvernement mixte ; nous démontrerons rapidement les bienfaits et les avantages du premier, les vices et les imperfections du second. Nous prouverons que la constitution et le gouvernement français n'ont aucun rapport avec la constitution et le gouvernement britanniques.

Le gouvernement est l'exercice de la puissance exécutrice. Il représente le souverain dans sa volonté comme dans sa puissance. Le roi exerce lui seul ce pouvoir en qualité de représentant héréditaire de la nation. C'est sous ce rapport qu'il exerce aussi la souveraineté dans toute sa plénitude, sans division, ni partage, ainsi que le pouvoir constituant; il met en activité toutes les parties de la constitution, fait des lois réglémentaires et administratives, crée des institutions sociales, déclare la guerre, fait la paix, conclut les traités d'alliance et de commerce, nomme à tous les emplois civils, militaires et religieux, confère la noblesse, les distinctions honorifiques et les dignités héréditaires; il a un droit d'inspection, de surveillance et de juridiction temporelle sur la religion, ses ministres et sur la discipline éclésiastique: il organise et dispose de la force armée; il est le gardien du trésor public, et son effigie est gravée sur les monnoies. Le roi a le droit de faire grace et de commuer les peines; c'est en son nom que les lois sont proclamées, et que la justice est rendue dans les tribunaux. Il est associé à la puissance législative , et il est la première branche de la législature. Il est pour les administrations en général ce que le soleil , comme foyer de la chaleur universelle , est pour toute la terre, il la réchauffe de ses rayons , et distribue un principe de fécondité pour animer et développer les germes qui reposent dans son sein. Le roi a l'initiative des lois , et soumet à la sanction du corps législatif les projets qu'il lui présente. Il le convoque , le proroge et le dissout. Sa souveraineté est d'institution divine , et sa personne est sacrée et inviolable. Le roi exerce toutes ces prérogatives en qualité de représentant héréditaire de la nation. Voilà la définition , l'origine , la nature et le caractère du gouvernement représentatif. Tel est cet heureux gouvernement qui régit la France.

Ne confondons point la constitution d'un Etat avec son gouvernement ; la constitution est le réglement fondamental qui détermine la manière dont l'autorité publique doit être exercée; elle crée , règle les pouvoirs, leurs droits et leurs fonctions. Elle établit les bases de la liberté publique , et met sous la protection des lois et de la puissance exécutrice les propriétés et les personnes. Le gouvernement est l'esprit de la constitution mise en action ; c'est l'instrument dont il se sert pour maintenir dans toutes les

parties l'ordre établi par les lois constitutionnelles. Le gouvernement est le dépositaire de
la force publique, le représentant de la volonté
générale. La constitution est la règle des pouvoirs, le gouvernement en détermine l'usage ;
c'est ici qu'il faut observer qu'un gouvernement est plus utile qu'une constitution. Des lois
fondamentales forment la charte constitutionnelle ; mais elles deviendroient inutiles et illusoires, si une main puissante ne leur donnoit
un principe de vie, d'autorité et de conserva-
tion. « On peut bien concevoir, disoit un mem-
bre du corps législatif, un empire sans constitution, mais on ne peut le concevoir sans
gouvernement ».

Dans le gouvernement représentatif, les
députés au corps législatif sont nommés par
les colléges électoraux ; cette élection médiate
présente de grands avantages, et prévient ces
troubles et ces dissensions qui accompagnent les
élections populaires. Le peuple, sur-tout dans
un grand Etat, ne doit être assemblé que pour
élire les membres des corps électoraux, chargés
de nommer les députés au corps législatif :
après cette élection, toute assemblée primaire
doit être interdite. Là, tout devient tumulte, désordre, rebellion ; l'intriguant, l'hypocrite, l'ambitieux, obtiennent les applaudissemens et les

suffrages d'une multitude ignorante ou séduite ;
l'homme sage s'éloigne de ces assemblées sédi-
tieuses, où l'on ne parle que des droits des
citoyens, et jamais de leurs devoirs. Quel scandale de voir le peuple abandonner ses travaux,
l'artisan ses ateliers, le cultivateur ses domai-
nes, le père de famille ses affaires domestiques,
pour discuter et résoudre des problêmes politiques, dont la solution conduit à un système
d'indépendance destructif de tout ordre social.
Cette discussion devient un ferment d'insurrection et une source de malheurs. Là, une multitude toujours prête à se soulever, toujours avide
d'innovations, écoute dans le silence et le
respect des orateurs factieux qui, par d'éter-
nelles dénonciations contre les dépositaires de
l'autorité publique, veulent bouleverser le corps
politique, et rompre ces rapports précieux qui
unissent le peuple à ses magistrats, dans l'espoir de trouver, au milieu des déchiremens de
la patrie, les moyens de satisfaire leur ambition et leur haine. Dans les assemblées du peuple, « il s'élève, dit Platon, des hommes sédi-
tieux, qui emploient leurs talens à flatter les
passions et les vices de la multitude, à l'éni-
vrer de son pouvoir et de sa gloire, à rani-
mer sa haine contre les riches et son amour
pour l'indépendance. Par-tout où ces hommes

dangereux ont du crédit , le gouvernement tombe dans la plus grande corruption, et le peuple contracte les vices et la férocité des tyrans ». Aristote croit que la loi par laquelle le peuple carthaginois pouvoit statuer sur les affaires publiques , est une de celles qui ont le plus contribué à la ruine de Carthage.

Le peuple est souvent égaré, il faut donc le diriger dans le choix qu'il doit faire de ses députés au corps législatif. « Le peuple aime son bien, dit J.-J. Rousseau; mais il ne le voit pas toujours; » il est donc indispensable de lui indiquer et de lui procurer les moyens de l'éclairer pour travailler à son bonheur; qu'il désigne par l'organe des membres des colléges électoraux les citoyens qu'il croit dignes d'exercer les fonctions de législateurs; cette éligibilité réunit cet avantage, que les colléges électoraux ne nommeront que des citoyens qui réunissent les talens aux vertus : dans les assemblées où se fera cette élection, on ne verra point ces factions et ces intrigues si ordinaires dans les élections populaires ; ce mode d'élection médiate consacre à la fois la plénitude des droits et la liberté des suffrages. Quel plus noble usage peut faire un peuple de sa liberté , que de distribuer en quelque sorte sa confiance et son estime , et de signaler à des colléges électoraux composés des citoyens propriétaires, intéressés à maintenir l'ordre social, des hommes qui rempliront avec fidélité les fonctions et les devoirs de législateurs.

» L'élection immédiate, observe un écrivain publiciste, a bien l'avantage de donner à celui qui est élu une connoissance plus exacte de la volonté des électeurs ; mais dans une nation nombreuse, cet avantage est peu de chose auprès de celui de connoître leurs intérêts ; et comme ces intérêts sont nécessaires aux intérêts généraux, l'objet de la représentation dans une grande société ne peut être rempli qu'autant qu'on peut assez perfectionner le mode d'élection pour généraliser les formes, qu'autant qu'on peut arriver à instituer au sein de cette nation, une sorte d'intelligence collective dont les actes soient regardés et reçus comme le résultat d'un discernement national. »

Dans le gouvernement représentatif, le roi, comme le représentant héréditaire de la nation, en vertu de sa souveraineté, et comme le chef suprême du gouvernement, exerce le pouvoir constituant sous la sanction du corps législatif. Les institutions humaines les plus sages présentent toujours quelques imperfections ; les hommes les plus grands dans leurs pensées, les plus sublimes dans leurs conceptions, sont soumis à l'empire des erreurs, des préjugés, des circonstances : il n'appartient qu'à Dieu, source de toute justice et de toute vérité, de faire un ouvrage parfait. Le temps, l'expérience, les lumières, des événemens extraordinaires peuvent nécessiter des changemens et des additions à la Charte constitutionnelle : le chef de la nation, comme législateur, comme pouvoir constituant, peut expliquer, développer, perfectionner, révoquer le pacte social ; il peut suspendre momentanément l'action de la constitution, et exercer l'autorité dictatoriale, dans un temps où des novateurs hardis et d'ardeus conspirateurs se réunissent pour dissoudre le corps politique et ensanglanter le trône. C'est ainsi qu'à Rome on créoit des dictateurs ; c'est ainsi qu'en Angleterre on suspend la loi fondamentale de l'*habeas corpus*, que l'on écarte par la loi martiale les barrières de la liberté ; on y met un voile, comme l'on cachoit les statues des Dieux. « Il ne faut point, dit l'auteur du Contrat-Social, affermir les sociétés politiques jusqu'à s'ôter le pouvoir d'en suspendre l'effet ; Sparte elle-même a laissé dormir ses loix ».

Dans le gouvernement représentatif, le corps législatif n'exerce aucune portion de la souveraineté, et ses membres ne sont point les représentans de la nation. Rousseau convient que les députés du peuple ne peuvent être ses représentans, qu'ils ne sont que ses commissaires et qu'ils ne peuvent rien conclure définitivement; ils sont seulement chargés d'approuver ou de rejeter les projets de lois que le roi leur présente; ils n'ont point l'initiative des lois, et les amendemens qu'ils proposent sont soumis à la sanction royale. Les publicistes ont confondu le pouvoir législatif avec la puissance souveraine : ces deux autorités ont des droits et des fonctions différentes : la puissance législative ne délibère que sur des lois positives et vote les impôts; la puissance souveraine est instituante, elle organise le corps politique, et son action continue après cette organisation.

Le souverain étant l'image de la Divinité, l'idée la plus parfaite que l'on puisse en concevoir, c'est de se représenter l'Eternel organisant le corps de l'homme, et faisant passer jusqu'à son cœur le principe de la vie par une infinité de canaux divisés de manière que le mouvement puisse se communiquer en même temps du centre à la circonférence; ainsi, le chef de la nation, revêtu du pouvoir souverain, donne la vie au corps politique, en faisant circuler par-tout l'abondance; il prescrit les moyens d'en jouir par des lois dont la base est dans la constitution; il veille au bonheur de tous, dirige la force publique de manière qu'elle puisse assurer les propriétés, le repos, la liberté de chacun, et tenant dans sa main le lien qui unit tous les sujets de l'Etat, le plus léger mouvement lui suffit pour répandre également sur les membres de sa nombreuse famille tous les biens de l'état social.

Dans le gouvernement représentatif, le roi, comme nous l'avons observé, a l'initiative des lois, et c'est ici qu'il faut admirer la profonde sagesse du législateur. Celui qui a en main les rènes du gouvernement, qui les dirige à son gré, qui dans un centre commun attire toutes les branches de l'administration, est instruit des besoins de son peuple ; placé sur une hauteur éminente, ses regards attentifs parcourent avec facilité les différentes parties de l'empire ; il examine, il interroge ; sa sollicitude s'étend sur tout son peuple, et il ne cesse de veiller à son bonheur, à sa gloire, à sa prospérité ; il connoît les lois et les institutions qui conviennent à son caractère, à ses mœurs, à ses habitudes. Des députés qui n'apportent dans les délibérations publiques que des connoissances bornées, qui exercent des fonctions temporaires, ignorent la diversité des intérêts qui naissent de la différence du climat, des localités et des coutumes qui régissent les habitans de différentes

provinces : il est impossible de réunir ces di-
verses parties et de régler par des lois unifor-
mes les institutions qui conviennent à tous les
membres du corps social ; parmi les codes politiques qui ont illustré tant de nations, il n'en
est point qui n'ait été le fruit des pensées et des
conceptions d'un seul homme. Minos donna des
lois à la Crète, Zoroastre aux Perses, Confucius
aux Chinois, Solon aux Athéniens, Lycurgue
aux Spartiates, Numa aux Romains, Moïse aux
Hébreux, Mahomet aux Arabes ; leurs lois ont
subsisté pendant des siècles et subsistent encore.
Les peuples soumis à toutes ces législations ont
brillé sur la terre par leur sagesse et leur puissance ; plusieurs de ces nations ont disparu,
parce que la nature conduit tout à sa dissolution,
et que rien ne peut changer la destinée des empires : ainsi que l'homme, ils passent de l'en-
fance à la jeunesse, de la jeunesse à l'âge mûr,
de la vieillesse à la mort : rien ne peut suspendre ni arrêter cette marche lente et insensible ;
à peine sont-ils arrivés à ce point de prospérité
qui fixe les regards et l'admiration des hommes,
qu'un bras caché semble les pousser violemment
vers leur dissolution ; en vain luttent-ils dans le
cours des âges contre la destinée qui les presse,
ils sont nécessairement forcés de devenir la
proie du temps qui précipite dans les tombeaux

les générations, leurs lois, leurs institutions et ces monumens superbes qui sembloient braver les siècles et promettre l'immortalité.

Un génie sublime qui s'élève par ses propres forces à de grandes conceptions, peut régénérer une nation, briser ses fers, réparer ses pertes, lui donner son ancienne illustration et préparer par une sage législation sa prospérité et son bonheur; c'est l'architecte qui crée le plan de l'édifice et en pose les fondemens. C'est le chef suprême de l'Etat qui représente dans le système social cette puissance mystérieuse, qui dans l'ordre moral réunit l'activité à la volonté; chargé de l'administration générale, il correspond avec toutes les parties de l'empire, reçoit les avis et les instructions de ses conseillers et de ses agens, connoît l'opinion publique, consulte le vœu national; dirigé par ces sages conseils, il propose au corps législatif les lois et les institutions qui conviennent à son peuple, et il en devient le bienfaiteur.

Une assemblée d'hommes différens par leurs opinions, leurs principes, ne peut point donner des lois à l'universalité d'un peuple dont elle ne connoît ni les besoins, ni même les divers caractères; ils varient suivant les habitudes, les mœurs et le climat. Une même loi réglémentaire, utile à l'habitant du midi, ne convient pas à celui du nord. On a toujours observé qu'une assemblée agit plus par influence que par ré-flexion ; pour faire de bonnes lois, il faut des têtes froides et bien organisées, mais sur-tout des cœurs purs. Toutes les passions se réunissent dans une assemblée nombreuse et fermentent comme dans un volcan ; les discussions se prolongent, les débats deviennent tumultueux, l'amour-propre s'agite pour faire valoir son opinion, et il fait naître un désordre funeste. Dans cette confusion, la loi proposée est examinée dans un esprit de contradiction et de résistance, on y fait des amendemens qui en altèrent la nature et l'essence, on est ensuite forcé de l'interpréter et de la modifier ; elle perd bientôt sa force et son efficacité. La loi proposée dans toute sa pureté et dans toute sa simplicité deviendroit, par des commentaires et des explications, funeste et dangereuse sans la sanction du monarque. Les lois les plus courtes se gravent plus facilement et plus profondément dans la mémoire et dans le cœur des hommes ; les tables de la loi données par Moïse aux Hébreux ne contenoient que dix articles, et ce code si simple est encore aujourd'hui après tant de siècles le plus beau code moral et religieux qui existe.

Le corps législatif, chargé par le souverain d'examiner les lois proposées à sa sanction, doit

se convaincre qu'elles ne seront favorablement
accueillies de la nation , que lorsqu'il donnera
l'exemple édifiant de l'union , de la sagesse et
de l'amour de la patrie; si les pensées des philo-
sophes , si les recherches des savans exigent le
recueillement , l'attention de l'ame et la plus
sévère attention, la création d'une loi demande
des connoissances parfaites du cœur humain ,
l'observation des faits les plus difficiles à analy-
ser et la solution des plus grands problêmes du
génie. Comment des législateurs rempliront-
ils les devoirs importans de leurs augustes fonctions au milieu de toutes les passions qui fermentent autour d'eux? Les législateurs de l'antiquité fuyoient le tumulte des villes et alloient
dans la retraite méditer les lois qu'ils devoient
donner aux peuples; ils rompoient les nœuds
qui les unissoient à la société ; il annonçoient
qu'ils n'avoient de commerce qu'avec les dieux.
C'est ainsi qu'un vaisseau battu par la tempête
se brise et s'ensevelit dans les flots ; mais lorsqu'il vogue au milieu d'une mer paisible , il se
promène majestueusement et il arrive au port.

Des lois proposées en présence d'une multitude nombreuse ne seront jamais l'ouvrage du
calme et de la réflexion. Or, toute loi qui ne sera
pas méditée dans le silence , et discutée avec ce
sang froid qui laisse reposer les passions, sera

nécessairement une loi mauvaise ou inutile ; les erreurs des législateurs sont plus funestes aux États que des batailles perdues ; la perte des hommes se répare facilement, parce que la nature travaille continuellement à sa reproduction, ses opérations se succèdent avec une rapidité étonnante, mais une mauvaise législation détruit le germe de la félicité générale, dégrade les nations, renverse les fondemens de la liberté publique, et son influence destructive s'étend sur les générations.

Le monarque chargé de proposer les lois les méditera dans un silence religieux, et loin d'une multitude toujours prête à s'insurger contre l'autorité qui doit réprimer cet esprit d'insubordination et d'indépendance, auquel elle se livre par audace ou par séduction. Le représentant héréditaire de la nation consultera dans sa sagesse des hommes instruits dans la science de la législation et de la politique ; pénétré de l'étendue et de la sainteté de ses devoirs, soumis à cette opinion publique dont la force morale est si puissante et si redoutable, intéressé à la gloire et au bonheur de son peuple, instruit qu'il doit régner par la justice, il ne sera point dominé par ces passions qui agitent une assemblée nombreuse, et dont les membres peuvent facilement échapper et braver impunément la censure publique ; dans ses profondes méditations, dans son amour pour le bien public , sous les regards de l'Etre Suprême , le monarque ne proposera que des lois justes et utiles ; interprète et organe de la volonté générale et du vœu national , il ne parlera qu'un langage fier et majestueux ; ses pensées seront grandes et utiles, et comme le prêtre de l'ancienne loi , il portera sur sa poitrine l'emblême de la force et l'image de la vertu. Cette initiative des lois est un droit sacré qu'il faut conserver, quoi qu'en dise l'auteur du *Gouvernement représentatif* et *de l'état actuel de la France.* L'ouvrage de ce publiciste renferme quelques vérités utiles et quelques principes incontestables ; mais il n'a point défini ni connu la nature ni l'essence , ni les attributs du gouvernement représentatif ; il s'est étrangement trompé lorsqu'il a dit que le gouvernement anglais est un gouvernement représentatif ; cet auteur s'est laissé entraîner par une imagination qui ne connoît ni règle , ni frein , il a soutenu des théories fausses et vagues par des raisonnemens sophistiques et des subtilités métaphysiques.

Les législateurs de l'antiquité ont aperçu comme dans un horizon éloigné le gouvernement représentatif ; à Sparte, le roi proposoit les matières soumises à la délibération d'une assemblée générale,

générale; personne ne pouvoit y parler au nom
du peuple, ni dire son avis, ni proposer une
loi, mais le peuple avoit le droit d'approuver
ou de rejetter ce qui étoit proposé par le roi.
Les rois Polydore et Théopompe s'étant aper-
çus que le peuple forçoit le sens des lois, et
y ajoutoit souvent en les approuvant, par des
amendemens, statuèrent que les rois auroient
le droit de déclarer nulle l'approbation du peuple. Dans plusieurs Etats soumis au gouvernement monarchique, on voyoit quelques corps
chargés de délibérer avec le prince sur les
affaires publiques. Le sénat romain, créé par
Romulus, fut un corps de représentans ou un conseil national, établi par le souverain lui-même.
Suivant Tacite, toutes les nations de la Ger-
manie jouissoient d'un gouvernement représentatif, dans lequel le souverain délibéroit avec
les guerriers les plus distingués et où les nobles
concouroient avec lui dans la confection des
lois. On retrouve la même forme de gouvernement chez les Scythes, les Tartares et les anciens
Saxons. Tel fut le gouvernement représentatif
en France, sous les règnes de Clovis, de Thier-
ri, de Dagobert, de Charlemagne, de Louis le
Gros, de Philippe le Bel.

Le gouvernement mixte est celui où les députés au corps législatif sont élus immédiate-

ment par le peuple dans les assemblées primaires, et où ils ont l'initiative des lois; alors le
corps législatif partage avec le roi l'exercice
de la souveraineté et du pouvoir constituant,
comme représentant la nation. Tel est le gouvernement mixte qui régit l'Angleterre. Quelques publicistes ont exalté les avantages de ce
gouvernement; ils ont vu dans le partage et la
division de la souveraineté un moyen puissant,
pour contrebalancer le pouvoir du roi et du
corps législatif, et le fixer dans un juste équilibre. Rien ne paroît plus beau dans la théorie
que ce partage de la puissance souveraine; rien
ne seroit plus utile dans la pratique, si l'on
pouvoit en conserver l'harmonie; mais ce partage de la souveraineté loin de former une juste
balance de puissance, a produit souvent un
combat perpétuel, jusqu'à ce que l'une de ces
puissances ayant abattu l'autre, le peuple est
devenu esclave, et l'Etat a été livré aux horreurs
de l'anarchie. S'il existe parmi les hommes une
constitution propre à rendre un peuple libre
et heureux, on devroit sans doute trouver ce
double bienfait dans un gouvernement qui régit et tempère les autres gouvernemens. Mais
il n'est point de constitution sociale que les passions humaines ne viennent à bout d'altérer et
de corrompre; elles parviennent ainsi que les

eaux à détruire les monumens les plus solides :
peut-être sera-t-on convaincu un jour que ce
gouvernement est sujet tout à la fois aux dan-
gers et aux inconvéniens de trois formes de
gouvernement qu'il régit.

Dans un gouvernement mixte, il ne peut y
avoir ni union, ni paix, ni concorde ; la souveraineté divisée doit nécessairement produire
des soupçons et des méfiances entre le pouvoir
législatif et la puissance exécutrice. La marche
des autres autorités est toujours lente, celle du
corps législatif est toujours rapide. Le renver-
sement des lois est difficile à la puissance exécutrice. Le pouvoir législatif peut opérer dans
un moment ce déchirement politique. Le roi
peut faire du congrès qui représente la nation
l'organe de son autorité arbitraire, sans crain-
dre les lois qui limitent sa puissance, et sans
que la constitution en soit altérée ; il suffit qu'il
ne détruise point de sa propre main l'appareil
de la constitution ; il suffit qu'il respecte les
droits du congrès, et qu'il se contente d'en disposer ; alors il fera ce qu'il voudra, rien ne
s'opposera au despotisme. Dans le gouvernement mixte, l'on voit cette continuelle fluctua-
tion de pouvoirs entre les différens corps qui se
partagent l'exercice de la souveraineté ; fluc-
tuation difficile à prévenir, et qui produit l'ins-

tabilité de la constitution ; ces corps sont perpétuellement occupés d'accroître à l'envi la portion de la souveraineté qui leur est confiée. « On ne peut compter , dit Machiavel , sur la stabilité d'un État , s'il n'est purement monarchique ; tous les autres gouvernemens sont défectueux ; chaque souverain est plus occupé de son intérêt et de son ambition , que de l'amour de la patrie , et il sacrifie le bien général pour étendre ses droits ; rien ne coûte à son usurpation ; que lui importent l'État et la nation ; il ne voit que l'élévation de sa gloire et la chute de ses coopérateurs ».

« Les sociétés , dit un savant publiciste , instruites à leurs dépens des malheurs de la démocratie et de l'aristocratie , cherchèrent à tempérer l'une par l'autre ; elles se flattèrent que la sagesse de leurs membres les plus illustres , les plus éclairés , les plus opulens , modéreroit la fougue des emportemens populaires ; elles s'imaginèrent que le peuple tiendroit ses yeux ouverts sur la conduite des citoyens avec lesquels il partagea le pouvoir ; on supposa qu'il veilleroit à ses propres intérêts , et qu'il contiendroit une force qui seroit elle-même un frein pour la sienne : ces espérances furent vaines ; les plus distingués des citoyens formèrent un corps ou sénat, dont les intérêts ne furent jamais ceux du peuple. Le sénat voulut dominer le peuple, et le peuple à son tour dominer le sénat ; de là une division éternelle entre les deux puissances. Elle fit naître des jalousies, des défiances continuelles. L'adresse fut d'un côté, la fougue et l'impétuosité de l'autre ; les forces de l'Etat ne purent presque jamais ni se maintenir en équilibre, ni se réunir pour agir de concert ; les lois les plus justes, les institutions les plus salutaires, les projets les plus utiles furent arrêtés ou rejetés comme odieux et suspects. Par les efforts continuels du peuple contre le sénat et du sénat contre le peuple, la société fut toujours en discorde, occupée à lutter contre elle-même ; elle devint la proie des ambitieux, qui surent profiter de son imprudence pour s'élever sur les ruines de leurs rivaux ; ils finirent par donner des fers à la patrie qu'ils se vantoient de servir. L'usurpation et la tyrannie ont terminé presque toujours les factions et les combats des gouvernemens mixtes. Tel fut le gouvernement et le sort de l'ancienne Rome. »

Dans un gouvernement mixte, on conserve un esprit républicain qui tend toujours à l'indépendance et à la rebellion, on y recule les limites de la liberté, jusqu'à ce que l'on parvienne à la licence et à l'anarchie ; tant il est vrai que toutes ces institutions qui tiennent de la démocratie sont des semences de troubles qui fermentent comme des matières combustibles dans les entrailles d'un volcan ; là , les hommes inquiets et factieux attaquent continuellement le gouvernement , exaltent les droits et les prérogatives du souverain , censurent avec amertume , dénoncent les ministres et les dépositaires de l'autorité royale ; des sociétés populaires alimentent les soupçons , les haines , les vengeances , se révoltent contre la volonté générale , enchaînent les opérations du gouvernement , et se rendent redoutables par leur système d'indépendance , et dangereuses par leurs maximes anarchiques : ces sociétés perturbatrices , ces associations secrètes sont un attentat perpétuel à la liberté publique et aux loix constitutionnelles ; elles usurpent avec autant de scandale que d'impunité les droits de la souveraineté et l'autorité législative ; suivant Tacite, il est impossible qu'un gouvernement mixte subsiste long-temps , c'est aussi le sentiment de Bodin , qui soutient qu'un gouvernement mixte est un gouvernement corrompu , sujet à des secousses violentes , et qui ne cessera d'être agité que quand un des pouvoirs qui le compose aura renversé tous les autres , et se sera saisi de l'autorité souveraine.

En parlant du gouvernement mixte , où l'exercice de la souveraineté est partagée entre le pouvoir législatif et la puissance exécutrice , il est important et utile de combatre l'opinion de Rousseau qui prétend que la souveraineté est concentrée dans la puissance législative , et que le pouvoir exécutif n'y participe point. Le gouvernement est la pierre fondamentale de l'édifice social et l'ame du corps politique. « Son mode est lié avec la constitution , dit M. Necker , il n'en est séparé que par le jeu de ses mouvemens qui constitue le pouvoir exécutif ; il doit recevoir son principe de vie de la constitution , et du corps législatif son principe d'action ; la puissance exécutrice fait tout mouvoir , elle seule forme le gouvernement même ; le corps législatif n'en fait pas partie , elle est souveraine dans ses fonctions exécutrices , puisqu'elle sanctionne les lois et les fait exécuter ».

L'auteur du Contrat - Social admet des principes vrais et incontestables , mais il en tire des conséquences fausses et dangereuses : cette contradiction le conduit à de grandes erreurs , il dit « que toute action libre a deux causes qui concourent à la produire , l'une morale qui détermine , l'autre physique , savoir la puissance qui exécute ; qu'on doit distinguer dans le

corps politique la force et la volonté, celle-ci
sous le nom de puissance législatrice, l'autre
sous le nom de puissance exécutive, rien ne se
fait sans leur concours. » Cependant Rousseau
donne à la puissance législative toute la plénitude de la souveraineté, et ne donne au pouvoir exécutif qu'une ombre d'autorité ; quel
est donc ce pouvoir dont les fonctions consis-
tent à faire exécuter les lois, sans avoir le droit
de les sanctionner ; ce seroit une autorité foible,
illusoire, dans la dépendance servile du corps
législatif qui lui ordonneroit de faire exécuter
des lois mauvaises ou dangereuses, ce seroit une
funeste olygarchie ; alors il n'y auroit ni gouvernement, ni patrie, ni citoyens ; mais dans
une monarchie mixte, le chef de la nation a le
droit de sanctionner les lois, ainsi rien ne doit
se faire sans le concours de ces deux pouvoirs :
si l'un est la force, et l'autre la volonté, ces
deux pouvoirs sont égaux, le premier dans la
création de la loi, le second dans sa sanction
et sa promulgation : il est absurde et contradic-
toire de dire que le corps législatif jouit sans
partage de la souveraineté, puisque les lois ne
peuvent recevoir leur complément et leur per-
fection que de la sanction et de la force de la
puissance exécutrice ; le roi réunit la volonté et
la puissance dans les lois qu'il sanctionne, il re-

présente la nation, ainsi que la volonté générale ;
il se sert de son autorité pour faire exécuter , et
respecter les lois. Il déclare la guerre , fait la
paix , contracte des alliances , convoque , proroge , et dissout le corps législatif. Voilà assuré-
ment l'exercice des droits de la souveraineté.

La volonté générale n'est rien sans la force
nécessaire destinée à la faire respecter et exécuter , c'est le bloc de marbre que l'ouvrier tire
de la mine , mais que le statuaire sait polir et
perfectionner. La souveraineté consiste dans
l'exercice de la volonté générale et de la force
publique qui ne doit se mouvoir qu'aux ordres
seuls du pouvoir exécutif. La souveraineté réunit la volonté et la puissance du corps moral ,
la volonté pour sanctionner les lois , et la puissance pour les faire exécuter.

Rousseau pense que la puissance exécutrice
ne consiste que dans des causes particulières qui
ne sont pas du ressort de la loi , ni par conséquent de celui du souverain , dont tous les actes
ne peuvent être que des lois. Mais la sanction
et l'exécution de la loi sont de son ressort , et
en dépendent essentiellement ; elles sont liées
à son essence ; c'est une chaîne dont les anneaux
ne peuvent ni se séparer ni se diviser , puisque ,
sans cette sanction et cette exécution , il n'exis-
teroit aucune loi. Le célèbre Donatello venoit

dé donner le dernier coup de ciseau à une figure : A présent *marche*, s'écria-t'il, enthousiasmé de son ouvrage, mais la statue ne marcha point, et resta immobile , parce qu'elle n'avoit reçu aucun principe de vie capable de lui imprimer le mouvement. Voilà l'image d'une loi qui n'est ni sanctionnée ni exécutée. Pygmalion anima sa statue et lui donna un caractère d'existence et de sensibilité : voilà l'image de la loi entre les mains du pouvoir exécutif. Pour établir un juste équilibre et s'opposer au despotisme et aux usurpations du corps législatif, il faut que le chef de la nation dans un gouvernement mixte soit associé à un degré éminent à la puissance législative, et qu'il partage avec elle l'exercice de la souveraineté ; alors la force publique aura un agent qui la réunira , et la mettra en œuvre suivant les directions de la volonté générale , elle sera en quelque sorte dans la puissance publique , ce que fait dans l'homme l'union de l'ame avec le corps.

Le gouvernement doit avoir deux forces , la force morale et la force physique ; ces deux agens sont nécessaires pour prévenir et enchaîner les factions, défendre son autorité contre la rebellion , maintenir la constitution contre ces innovateurs ambitieux qui voudroient l'ébranler, et pour contenir tous les membres du corps social dans l'obéissance aux lois. Ces deux forces doivent agir de concert, et leur harmonie est nécessaire pour fonder l'édifice politique sur des bases inébranlables. Sans la force morale, la force physique est dans l'inertie, et n'agit point : sans la force physique, la force morale est sans puissance et sans autorité. Le chef de la nation, comme associé au pouvoir législatif, représente la volonté générale, et alors il dirige la force morale comme exécuteur suprême de la loi, et maître de l'armée, il dispose de la force publique ; sous ce double rapport, il est le représentant héréditaire de la nation, et par conséquent il doit partager avec le corps législatif l'exercice de la souveraineté.

Il existe en Europe un gouvernement mixte où le monarque et le corps législatif partagent l'exercice de la souveraineté ; c'est un mélange de monarchie, d'aristocratie et de démocratie. Montesquieu et Delohme se sont déclarés les apologistes et les admirateurs de la constitution anglaise ; leur génie qui se fit illusion a subjugué quelques publicistes ; mais aucun d'eux ne paroît avoir analysé cette constitution avec cet examen profond et cette précision réfléchie, si nécessaires pour parvenir à faire connoître les

véritables principes qui doivent présider à l'institution des sociétés politiques. Puffendorf, Fi-
liangeri, Hume, l'auteur du système social,
ont démontré les imperfections et les vices de
cette constitution; sans doute elle paroît quelque chose de sublime pour le temps d'esclavage
et d'ignorance qui la vit naître ; lorsque le
despotisme et la féodalité opprimoient les peuples de l'Europe, le plus léger effort pour briser
les fers de la servitude étoit une entreprise
hardie et glorieuse; mais les siècles et les passions des hommes altèrent et défigurent les institutions les plus sages ; cette tige majestueuse,
qui étendoit ses rameaux superbes, s'est dessé-
chée jusques dans ses racinés ; et ces plantes
salutaires, qui devoient fertiliser les campagnes
et répandre leurs sucs bienfaisans et nourri-
ciers, ne produisent que des fruits de corruption et de mort.

La constitution anglaise a produit les factions
et les divisions intestines avec tous les crimes
des guerres civiles. Les fondemens de l'Etat ont
été ébranlés et détruits par de violentes com-
motions ; les rois ont été détrônés et ont péri
sur des échafauds, ou dans la captivité; la noblesse a été exterminée dans les combats ou au
milieu des supplices ; le peuple anglais a par-
couru tous les degrés de l'infortune, et de

l'esclavage ; les villes et les provinces ont été inondées de flots de sang, et les campagnes ont été couvertes de cadavres ; la superstition religieuse a exercé ses vengeances, et le fanatisme civil ses fureurs ; le parlement dans l'exercice de sa souveraineté dégrade Edouard II, et ce prince si doux termine sa malheureuse existence dans des tourmens dont l'invention avoit échappé aux bourreaux les plus féroces ; il ôte la couronne à Richard II, et la donne à un tyran usurpateur ; tantôt il consacre les crimes des princes de la maison d'Yorck et de la famille de Lancastre, et tantôt il prononce leur proscription : il étoit tour-à-tour esclave du plus fort, et oppresseur du plus foible. Il fait descendre du trône Henri VI, et ce prince malheureux fut égorgé dans sa prison ; il proclame roi ce Richard III dont les crimes ont surpassé ceux de Tibère et de Néron. Tous les blasphêmes de la tyrannie furent approuvés par le parlement sous le règne sanglant de Henri VIII ; il viola plusieurs fois la loi de l'hérédité au trône. Il renversa la monarchie, condamna à mort Charles I.er, se soumit au despotisme de Cromwel, força Jacques II à abdiquer la couronne, et établit une nouvelle dynastie sans la sanction et le consentement de la nation.

L'Anglais, par une heureuse magie, se croit libre; il proclame avec orgueil l'excellence de sa constitution et les droits de sa liberté; c'est ici qu'il faut distinguer avec Montesquieu deux sortes de libertés; la liberté de la constitution, et la liberté du citoyen. La première sous un gouvernement mixte est l'équilibre des pouvoirs et leur dépendance mutuelle; la seconde est toujours la sûreté des personnes et des propriétés. Ces deux espèces de libertés politiques, n'ayant ni le même principe, ni la même nature, ne sont pas inséparablement liées l'une à l'autre; la constitution peut être libre, et le citoyen ne pas l'être; la sûreté du citoyen résulte de la douceur et de la modération du gouvernement, de la sagesse des lois, de la force, et de la multiplicité des liens qui retiennent les ministres des rois, et les empêchent d'exercer arbitrairement leur autorité; les trois pouvoirs peuvent très-bien être distribués par rapport à la liberté de la constitution, quoiqu'ils ne le soient pas aussi bien dans le rapport avec la liberté du citoyen : si l'Anglais est libre par sa constitution, il est esclave par son gouvernement; il admire les républiques, et il exalte les avantages des monarchies. Il est courtisan et philosophe, ambitieux et moraliste, patriote par vanité et par calcul. S'il est

doux dans la paix , il est féroce dans la guerre;
s'il est humain dans sa patrie, il est barbare
dans ses colonies ; s'il est tolérant par sentiment, il est persécuteur et fanatique par politique. Il parle toujours avec enthousiasme de
sa liberté et il s'applaudit dans sa servitude ; il
attaque son gouvernement dans le même temps
qu'il s'en rend l'apologiste, le flatteur et l'esclave ; il est impétueux dans les factions et
froid dans les actions privées de sa vie; il est
triste et méthodique dans le sein même des
plaisirs , généreux et magnifique chez l'étranger, et économe dans sa patrie ; chérissant les
vertus et applaudissant au vice, aimant la vérité , et devenant le jouet des erreurs politiques ; l'élement qui entoure cette contrée lui
communique son inconstance et ses agitations.

« L'Anglais pense être libre, dit l'auteur du
Contrat-Social; il se trompe fort , il ne l'est que
durant l'élection des membres du parlement :
aussitôt qu'ils sont élus, il est esclave; il n'est rien
dans les courts momens de sa liberté, l'usage
qu'il en fait mérite bien qu'il la perde ». L'Anglais n'est pas même libre pendant l'élection des
membres des communes, il vend sa liberté et
son suffrage ; on enchaîne sa volonté , on per-
vertit sa conscience : là où commence la corruption, là expire la liberté : l'homme qui se laisse

corrompre est bientôt esclave; cet état de vio-
lence et de despotisme qui force un citoyen paisible à quitter ses foyers, pour servir sur des
escadres britanniques; cette fiscalité inquisito-
riale qui ordonne à des agens inhumains d'aller
violer les asiles, et de pénétrer par la force ou
la séduction dans les secrets des familles; ces
entraves qui gènent le commerce et l'industrie,
cette intolérance religieuse et politique, ces cor-
porations dangereuses, ces associations démocratiques, ce vice dans les élections, cette inéga-
lité dans la représentation nationale, cette ri-
gueur des lois pénales, ce code civil, mélange
de confusion et d'injustice, né des institutions
des sauvages et de la féodalité anarchique; ce
combat des prérogatives royales et de l'esprit
républicain; ce contraste qui règne entre les lois
constitutives et les lois d'administration, cette
réunion du pouvoir législatif au pouvoir judiciaire; tels sont les imperfections et les vices de
la constitution anglaise. La nation danoise, sous
un gouvernement absolu, est plus libre et plus
heureuse que le peuple anglais, régi par un gouvernement mixte. En Dannemarck, aucune fac-
tion ne trouble l'ordre public, aucune asso-
ciation populaire ne proclame des principes
anti-sociaux; les Danois aiment leur patrie, leur
roi, leurs institutions, leur gouvernement, leurs
lois,

lois, ils jouissent paisiblement des fruits de leur industrie et de leurs travaux.

« On admire dans la constitution anglaise, dit un savant publiciste, trois pouvoirs égaux qui se soutiennent par leur indépendance, et l'on ne voit pas que l'indépendance même qui les fait exister est le vice qui doit opérer leur destruction ; ils ne sont indépendans que par leur égalité ; or trois pouvoirs égaux, s'il n'y en a pas un troisième qui les dirige, finiront nécessairement par se confondre en un seul, parce que telle est la nature invincible du pouvoir qui tend constamment à l'unité ; un gouvernement qui n'est fondé que sur l'équilibre de plusieurs puissances ne subsistera qu'autant de temps qu'elles pourront se résister mutuellement, il sera renversé dès que l'une pourra s'élever au-dessus des autres, et cet événement ne pourra jamais être considéré comme éloigné, parce que la cause qni doit le faire naître est dans la constitution même ».

La grandeur et l'éclat d'un empire n'annoncent pas toujours la bonté et la sagesse de ses lois constitutives ; ces signes sont quelquefois le précurseur de sa chute et de son esclavage. Si une nation est heureuse, elle est libre ; pour conserver sa liberté, il faut en connoître le prix et ne point le sacrifier à des intérêts sordides ou à la passion secrète de l'argent , qui , plus forte que les autres , est propre à dégrader les ames, à rétrécir le cœur, et à conduire l'homme à l'esclavage. « Une longue expérience, dit l'auteur du Système social , prouve que dans la Grande Bretagne, le patriotisme de ceux qui se montrent opposés à la cour ou au parti du ministère, n'a pour objet que d'importuner le souverain , de contrarier les opérations de ses ministres , de renverser les projets les plus utiles, dans la vue d'obtenir la dignité de la pairie ou l'honneur du ministère ; le patriote anglais n'est communément qu'un ambitieux qui fait ses efforts pour se mettre à la place des ministres qu'il décrie, ou un homme avide qui a besoin d'argent , ou bien un factieux qui cherche à rétablir sa fortune délabrée ; des patriotes de cette trempe sont-ils faits pour défendre les intérêts de leur pays ; dès qu'ils jouissent des objets de leurs vœux, ils suivent les traces de leurs antagonistes, et deviennent à leur tour des objets de censure et d'envie de ceux qu'ils ont déplacés. Une nation déchirée par des factions, des cabales , des émeutes populaires, où les droits d'aucun ordre de l'État ne sont clairement fixés , dont les lois sont d'ailleurs multipliées , inintelligibles, contradictoires ; une telle nation peut-elle jamais être tranquille ou contente : tous les citoyens

d'un État n'ont qu'un intérêt, c'est de vivre en
paix, d'avoir de bonnes lois, de jouir des avantages que la nature et l'industrie peuvent procurer ; mais quel bonheur, quelle sûreté peut-
il y avoir pour un peuple que la brigue, le
désordre, l'intérêt de quelques marchands avi-
des, peuvent à chaque instant précipiter dans
des guerres civiles inutiles, dans des dépenses
énormes qui produisent des dettes immenses,
dont l'État est accablé pendant une longue suite
d'années sans pouvoir jamais se libérer : pour
être un bon patriote, il faut une ame grande,
un cœur honnête et vertueux : le patriotisme est
une passion noble, fière, généreuse, il est incom-
patible avec l'amour immodéré des richesses,
passion toujours sordide et insociable ».

Le gouvernement anglais penche vers la
démocratie, c'est l'opinion de Hume. Ce savant
historien, cet habile publiciste pense que la portion de puissance dont la chambre des communes
se trouve revêtue est si grande, que cette chambre est maîtresse des autres parties du gouvernement. Le pouvoir exécutif n'est pas une barrière
suffisante pour la contenir ; car quoique le roi ait
la négative par la sanction de toutes les lois, ce
privilège est en effet reconnu pour être si peu
important, que ce qui est arrêté par les deux
chambres est toujours sûr de passer comme

une loi : le consentement du roi n'est presque autre chose qu'une pure formalité. Le principal poids de la couronne est dans le pouvoir exécutif, mais outre que ce pouvoir est toujours subordonné au pouvoir législatif, l'exercice de cette puissance demande une dépense immense, et les communes se sont attribué à elles-mêmes la seule faculté de disposer du trésor public : combien donc ne seroit-il pas facile à cette chambre de dépouiller la couronne de tous ses privilèges, en rendant chaque concession d'argent conditionnelle et en choisissant si bien son temps que le refus ne feroit qu'embarrasser le gouvernement. Les pairs ne sont point un soutien puissant pour la couronne, ils n'ont ni force, ni autorité sans les communes. Toutes les fois que les rois d'Angleterre demandoient des subsides, les communes leur disoient : Vous avez besoin d'argent, nous avons besoin de liberté; vendez-nous quelques-unes de vos prérogatives, et vous obtiendrez des subsides. Jacques I.er et Charles I.er eurent la foiblesse d'accepter ce traité humiliant, et par cette imprudente soumission ils avilirent la dignité royale, et préparèrent cette révolution qui renversa la monarchie, et ensanglanta le trône.

En Angleterre, les sectaires s'agitent pour répandre leur système d'indépendance et de

révolte ; on n'entend que des plaintes, des dénonciations et des actes d'accusation ; on ne parle
que des avantages et de la sagesse des institutions républicaines de la Grèce et de Rome ;
on déclame contre le pouvoir absolu et on exa-
gère les maux du despotisme. L'Etat est sans
cesse agité par les déclamations des démago-
gues : ce parti à la vérité est aujourd'hui foible
et impuissant dans la chambre des communes ,
mais il peut devenir fort et dangereux par
des événemens et des révolutions dont on ne
sauroit calculer les résultats désastreux : les
Torys et les Whighs ont dominé successive-
ment dans le parlement ; le Torysme a actuelle-
ment la majorité ; mais s'il vient à perdre son
crédit et son influence, alors le Whigme triom-
phera : les autres sectaires reprendront une nouvelle audace et de nouvelles forces, et tous se
réuniront pour fomenter des divisions intestines,
soulever le peuple, et établir un gouvernement
démocratique sur les débris de la monarchie :
oui ! c'est dans des jours de désordre et de confusion qu'ont paru les Henri de Lancastre , les
Langthon , les Leycestre , les Cromvel ; ces
hommes d'un grand génie et d'un grand caractère ont détruit la constitution de l'Etat , renversé et ensanglanté le trône. L'histoire ancienne et moderne nous attestent que c'est au

milieu des guerres civiles et des factions intestines que la nature se plaît à créer ces hommes
privilégiés qu'elle destine à changer la face des
empires, à subjuguer, à disperser les peuples,
et à donner de nouvelles lois et de nouvelles
institutions aux nations qu'elle veut régénérer.

Il semble qu'une grande catastrophe est prête
à éclater en Angleterre; l'horizon politique de
cet empire s'obscurcit et semble annoncer des
orages et des tempêtes; la création d'un papier
monnoie émis et répandu avec profusion et sans
aucune garantie territoriale (1); cette dispro-
portion entre le nombre de ses billets mis en
circulation et le numéraire effectif; ce défaut
des valeurs représentatives des gages et d'hy-
pothèques; cette masse effrayante d'impôts et
de la dette publique; ces canaux de fécondité
qui, partant des Indes orientales versent dans la
métropole des trésors acquis par l'injustice et
l'usurpation, et paroissent prêts à souffrir un
dessèchement ou une interruption; cette multiplicité d'emprunts qu'on peut appeler l'art
d'opprimer les générations futures; ce commerce continuel de monopole et de spécula-

____

(1) Le grand Newton est persuadé que l'Angleterre,
avec son papier monnoie, finira par un grande catastrophe.

tions usuraires ; cette banque éblouissant l'Europe, parce qu'on ne veut point en examiner
la nature et les élémens, ni en mesurer la pro-
fondeur, fondée sur les mêmes bases que celles
qui soutenoient la compagnie du sud, et prête
à s'écrouler avec fracas, et à entraîner avec elle
la ruine de la confiance et du crédit public ;
ce système ruineux de soudoyer les puissances
étrangères ; cette frénésie de vouloir se mêler
des affaires du continent et des querelles des
rois ; cet esprit d'inquiétude qui agite la nation ;
ces idées d'indépendance et de républicanisme
qui s'accroissent et se fortifient ; cette jalousie et
cette méfiance qui règnent entre les pairs du
royaume et les membres des communes ; cette
opposition des principes politiques et des dog-
mes religieux des sectaires répandus et dissé-
minés dans les provinces et dans les villes ; cette
disposition générale du peuple irlandais à rompre les nœuds qui l'unissent à la métropole,
et à rentrer dans les droits de son ancienne
souveraineté ; les colonies anglaises fixant leur
regards sur les Etats-Unis, et prêtes à arborer
l'étendard de l'insurrection et à proclamer leur
indépendance ; ces sociétés populaires répandant
avec autant d'audace que d'impunité leurs principes démocratiques ; ce mépris des vérités
saintes de la religion révélée ; le déisme et

l'athéisme répandant le poison de leur fausse doctrine ; cette soif insatiable des richesses qui détruit les sentimens de la nature, l'amour de la gloire, de la patrie, et éteint toutes les vertus publiques : voilà les différentes causes qui doivent produire une grande révolution, et amener un nouvel ordre de choses dont le spectacle étonnera les siècles et les nations.

Nos publicistes modernes soutiennent que la constitution et le gouvernement britanniques ont une parfaite analogie avec la constitution et le gouvernement français ; c'est ainsi que nos subtils théoriciens confondent toutes les notions du droit politique : il faut laisser les raisonnemens pour s'appliquer aux faits historiques. En France, le roi jouit sans division ni partage de la plénitude de la souveraineté et du pouvoir constituant ; il gouverne et il est indépendant du corps législatif ; les ministres agissent, parlent au nom du roi et exécutent ses ordres ; ils n'ont aucun compte à rendre au corps législatif, à raison des actes du gouvernement, dont la connoissance appartient à la puissance exécutrice ; les membres de la chambre des députés sont nommés par les colléges électoraux, dont le roi choisit les présidens ; ils n'ont point l'initiative des lois, et ne sont point les représentans de la nation ; ils ne peuvent faire aucune proposition, ni aucun amendement sans la sanction du roi ; il n'y a point de terme fixé pour la durée du corps législatif ; sa convocation, sa prorogation, sa dissolution dépendent de la volonté du roi ; leur nombre est fixé relativement à la population et à l'étendue des départemens ; les citoyens qui paient une contribution fixée par la Charte sont éligibles au corps législatif ; les pairs n'ont pas le droit de protester contre les décisions de la majorité, ils n'exercent l'autorité judiciaire que dans les crimes de trahison et de conspiration contre l'Etat : toutes les religions y sont tolérées ; le protestant, le luthérien, le juif y jouissent des droits politiques : le roi peut commuer les peines et pardonner le crime de haute trahison : le gouvernement français ne tolère point les associations secrètes, et aucune société politique ne peut exister sans son autorisation. On reconnoit ce principe incontestable, que la nation ne peut plus exercer le pouvoir souverain, puisqu'elle l'a transmis à son représentant héréditaire ; on y adopte cette maxime religieuse, enseignée par les auteurs écclésiastiques et par plusieurs publicistes civils, que la royauté est d'institution divine ; enfin, la puissance militaire réside dans le roi, et tout objet contenant cette adminisration est étranger au corps législatif.

En Angleterre, l'exercice de la souveraineté

et du pouvoir constituant est partagé entre le roi et le parlement ; ces deux autorités suprêmes forment une puissance qui gouverne ; les ministres rendent compte au corps législatif des actes de leur administration ; ils sont soumis à leur censure, et c'est ainsi que le parlement usurpe quelquefois une partie du pouvoir exécutif ; il a l'initiative des lois, et il n'a pas besoin de la sanction royale pour présenter des projets de lois ; les membres des communes sont élus immédiatement par le peuple dans ses assemblées primaires, aucun commissaire du gouvernement ne préside aux délibérations des électeurs : le parlement ne peut pas subsister plus de sept ans ; le roi ne peut point sortir du royaume sans un bill parlementaire, ni professer la religion catholique, ni pardonner le crime de trahison et de conspiration jugés par la chambre des pairs, sur l'accusation et les poursuites des communes ; le décret d'accusation connu sous le nom de bill, *of impechement*, n'est pas soumis à la sanction du roi : le monarque ne peut ni légitimer les bâtards, ni naturaliser les étrangers, ni permettre l'entrée des troupes étrangères dans le royaume sans le consentement du parlement ; les pairs ont le droit de protester contre les décisions de la majorité, et de faire enregistrer leurs protestations dans les registres de la chambre ; ils jugent en der-

nier ressort par appel , et réforment les ju-
gemens rendus contre la justice et les formes
de la loi. Plusieurs citoyens , quoique riches
propriétaires , ne peuvent être membres des
communes ; de ce nombre sont les douze juges
du royaume , les ecclésiastiques et les agens du
fisc à la nomination du gouvernement : la nation
anglaise n'est pas représentée dans la chambre
des communes ; elle est composée de sept cents
députés , deux cents sont nommés par le peuple ,
la nomination des autres appartient à la couronne , à de grands tenanciers et à quelques cor-
porations. La religion anglicane est la religion
exclusive de l'Etat , le catholique ne jouit point
des droits politiques. Le gouvernement ne peut
point s'opposer à l'institution des sociétés populaires , ni prohiber les associations politiques
des sectaires ; la force militaire est tenue immobile jusqu'au moment où les magistrats civils
la requièrent : l'existence et la discipline de
l'armée ont besoin d'être maintenues par un
acte du parlement qui se renouvelle tous les
ans. C'est une maxime fondamentale , consa-
crée solemnellement en 1688 par le parlement
britannique, qu'il existe un pacte primordial
entre le roi et le peuple ; que l'oppression du
chef de l'Etat rompt le contrat social , et que la
nation rentre alors dans l'exercice des droits
primitifs de son indépendance, de sa souverai-

neté, et qu'elle a le droit de déposer ses rois.

Jouissons en paix des avantages et des bienfaits de cet heureux et sage gouvernement représentatif, institué et consacré par la charte constitutionnelle; ensevelissons dans un oubli éternel les malheurs et les crimes de la révolution; cessons nos dissensions politiques, qui affligent les vrais amis de l'ordre et de la justice. Unissons-nous tous par les nœuds consolateurs de la concorde et de la confiance; que nos écrivains publicistes abandonnent leurs théories vaines et dangereuses, qu'ils parlent un langage de paix et de conciliation, qu'ils combattent les erreurs sans passion et sans amertume, qu'ils éclairent celui qui s'égare et qu'ils jettent un voile religieux sur les actions particulières de sa vie, qu'ils quittent ce ton insultant d'ironie, de sarcasme, de personnalité qui annonce un esprit inquiet et un mauvais cœur. Chérissons et respectons un roi si digne de notre amour par sa justice, sa bonté, ses vertus, et dont la sollicitude paternelle s'étend sur tous les besoins de son peuple, et sur tout ce qui peut contribuer à son bonheur. Environnons de notre confiance les ministres dont l'administration juste et ferme tend à réprimer les factions, à s'opposer aux entreprises des innovateurs ambitieux, à assurer la tranquillité publique, à ramener tous les citoyens à l'obéissance des lois et à ces principes d'ordre, de sagesse, sans lesquels il ne peut exister ni paix, ni bonheur, ni liberté. N'oublions jamais que les ministres parlent et agissent toujours au nom du roi, que leur premier devoir est de respecter la volonté suprême de leur souverain, et d'obéir à ses ordres. Respectons le corps législatif ; voyons dans les pairs du royaume des défenseurs intrépides des prérogatives royales et des conservateurs fidèles de la charte constitutionnelle ; voyons dans les députés des départemens des citoyens animés de l'amour du bien public, des protecteurs des libertés nationales, des sentinelles vigilans du pacte social. Ils éclaireront le gouvernement sans combattre son pouvoir, et ils affermiront l'union de la liberté avec l'ordre public ; cette idée tutélaire, cette idée conservatrice du monde moral est la condition première de toutes les institutions sociales. Cet ordre public ne peut être maintenu que par la fermeté du gouvernement. Si le corps législatif entrave ses opérations, s'il s'occupe à dénoncer éternellement les ministres chargés spécialement de maintenir cet ordre public, tout est perdu. Une nouvelle révolution commence, les flots tumultueux de la discorde briseront le vaisseau de l'Etat. Mais éloignons ces tristes présages : les députés seconderont le gouvernement dans ses projets de régénération publique, ils abrégeront les délais et les longueurs de leurs déliberations : ils reconnoîtront cette grande vérité, qu'un projet de loi examiné, discuté et approfondi dans le conseil des ministres et dans le conseil d'Etat en présence du roi, par des hommes sages et éclairés qui réunissent la science de la législation aux lumières de la politique, ne peut être que le fruit d'une longue méditation et d'une profonde sagesse. Ces organes de la volonté du monarque connoissent les besoins de l'Etat. Comme administrateurs, comme propriétaires, ils sont intéressés par devoir et par sentiment à conserver sa gloire, et à augmenter sa prospérité ; le corps législatif se réunira par un heureux concert pour maintenir cette harmonie salutaire qui doit exister entre lui et les ministres, elle est nécessaire pour cicatriser les plaies profondes de l'Etat, pour enchaîner les complots de ces factieux qui calomnient le gouvernement et les dépositaires de l'autorité royale, et veulent bouleverser l'empire, dans l'espoir criminel de satisfaire leur ambition, et d'exercer cet esprit de domination superbe qui les agite et les tourmente. C'est ainsi qu'en remplissant avec fidélité les devoirs sacrés que lui imposent ses augustes fonctions, le corps législatif obtiendra la protection et la confiance du roi, la reconnoissance et l'estime de la nation.